# ABC DE LA RSE

# CUADERNO DE TRABAJO PARA LIDERAR CON CONCIENCIA Y HACER UN CAMBIO REAL

*Toolkit práctico para aplicar el ABC de la RSE con sentido, propósito e impacto real en tu empresa y en tu liderazgo*

## Juan Felipe Cajiga

*Empresabiity*

**2024**

Movimiento Iberoamericano de Responsabilidad Social

"No se trata solo de hacer bien las cosas. Se trata de hacer lo correcto, y hacerlo de manera que inspire a otros a seguir ese camino."
Juan Felipe Cajiga

# Contenido

**ABC DE LA RSE** ..................................................................................... 1

**CUADERNO DE TRABAJO PARA LIDERAR CON CONCIENCIA Y HACER UN CAMBIO REAL** ....................................................................................... 1

    Presentación ......................................................................................... 9

    **MÓDULO 1:** ....................................................................................... 11

        Comencemos ................................................................................. 11

        LAS ETAPAS DE MADURACIÓN DE LA EVOLUCIÓN DE LA RSE .............. 12

        Principales Retos ........................................................................... 13

        Reconocer cómo decides hoy ......................................................... 16

        Evaluación de patrones de decisión organizacional ......................... 16

        Ejercicio Final de Reflexión: ........................................................... 17

    **ESPACIO DE TRABAJO** .................................................................... 18

    **MÓDULO 2:** ....................................................................................... 20

    Una Reflexión .................................................................................... 20

        Conectar con tu propósito personal ................................................ 21

        Definición y validación del propósito organizacional ....................... 21

        Ejercicio Final de Reflexión: ........................................................... 22

    **ESPACIO DE TRABAJO** .................................................................... 23

    **MÓDULO 3:** ....................................................................................... 24

        Responsabilidad Social por dentro y por fuera ............................... 24

        ¿Por qué es importante para tu negocio una buena relación con la comunidad? ................................................................................. 25

        Observar la coherencia colectiva ................................................... 26

        Auditoría de coherencia cultura–estrategia .................................... 26

        Un entorno laboral sano ................................................................. 27

    **ESPACIO DE TRABAJO** .................................................................... 28

    **MÓDULO 4:** ....................................................................................... 30

        Entender el impacto de tus acciones cotidianas ............................. 30

| | |
|---|---|
| Revisión de impactos cotidianos operativos | 30 |
| Ejercicio Final de Reflexión: | 31 |
| **ESPACIO DE TRABAJO** | 32 |
| **MÓDULO 5:** | 34 |
| Activar redes de colaboración | 34 |
| Mapeo estratégico de aliados y stakeholders | 35 |
| Ejercicio Final de Reflexión: | 35 |
| **ESPACIO DE TRABAJO** | 36 |
| **MÓDULO 6:** | 38 |
| Medir lo que realmente importa | 39 |
| Diseño de métricas de impacto no financiero | 39 |
| Ejercicio Final de Reflexión: | 40 |
| **ESPACIO DE TRABAJO** | 41 |
| **MÓDULO 7:** | 42 |
| Reflexión | 42 |
| Comunicar desde lo vivido | 42 |
| Narrativa institucional con sentido ético y propósito | 43 |
| Ejercicio Final de Reflexión: | 44 |
| **ESPACIO DE TRABAJO** | 45 |
| **MÓDULO 8:** | 46 |
| Sostenible desde adentro | 46 |
| Diseñar alianzas con sentido | 47 |
| Activación de alianzas transformadoras | 47 |
| Ejercicio Final de Reflexión: | 48 |
| **ESPACIO DE TRABAJO** | 49 |
| **MÓDULO 9:** | 50 |
| Fortalecer tu coherencia en el tiempo | 51 |
| Fortalecimiento de liderazgo coherente y sostenido | 51 |
| ¿Cómo definirías a tu empresa ya como socialmente responsable? | 51 |
| Ejercicio Final de Reflexión: | 52 |
| **ESPACIO DE TRABAJO** | 53 |

**8 pasos para ir más allá de la RSE** ................................................................... 54

   1. Descubrir y abrazar un propósito organizacional superior ............................ 55

   2. Construir una cultura organizacional consciente y ética ............................... 56

   3. Desarrollar un liderazgo consciente y empoderador ..................................... 56

   4. Gestionar con una visión integral y de largo plazo ....................................... 57

   5. Integrar de forma auténtica a las partes interesadas (stakeholders) .............. 57

   6. Promover trabajo digno y realización personal ............................................ 58

   7. Invertir en la mejora continua de la calidad de vida de las comunidades ...... 58

   8. Ser radicalmente responsable en el uso de los recursos .............................. 59

   🔑 Claves para la Acción ..................................................................................... 60

**PLANTILLA FINAL** ..................................................................................................... 62

   Mi Mapa de Impacto Personal ............................................................................ 62

   Mapa de Impacto Estratégico de la Empresa ..................................................... 62

**ESPACIO DE TRABAJO** ............................................................................................ 63

Conclusión: .............................................................................................................. 64

   **Únete al Movimiento Iberoamericano de Responsabilidad Social** .............. 64

## Presentación

Este Cuaderno de Trabajo ha sido profundamente enriquecido y optimizado para convertirse en el complemento perfecto del *ABC de la RSE*. Integra reflexiones, ejercicios prácticos, herramientas pedagógicas y guías claras que te permitirán adoptar, adaptar y aplicar los principios de la responsabilidad social empresarial (RSE), el propósito organizacional y la sostenibilidad con mayor efectividad, sin importar tu nivel de conocimiento o experiencia.

Con un lenguaje claro, cercano y directo, pero sin sacrificar profundidad, este toolkit ha sido diseñado para líderes y profesionales comprometidos con marcar la diferencia desde su rol, entendiendo que el verdadero cambio comienza desde adentro.

Aquí no solo encontrarás ejercicios, sino caminos estratégicos para transformar tu pensamiento en decisiones conscientes y tus decisiones en acciones con impacto real, medible y sostenible. Cada módulo está cuidadosamente estructurado para guiarte paso a paso y ayudarte a fortalecer tu liderazgo desde el propósito y la coherencia.

Los ejercicios de cada módulo te ayudarán a conectar estos conceptos con la realidad de tu organización, preparando el terreno para alinear la sostenibilidad con tu visión empresarial de manera auténtica y efectiva.

# MÓDULO 1:

Comencemos

**¿Te has preguntado por qué la Responsabilidad Social Empresarial (RSE) es hoy más relevante que nunca para el éxito de tu organización?**

En un entorno global marcado por desafíos como la crisis climática, la desigualdad social y una creciente exigencia de transparencia, la RSE ha dejado de ser un concepto accesorio para convertirse en un pilar de la gestión sostenible.

Cada vez más, los grupos de interés –desde inversionistas hasta clientes y colaboradores– esperan que las empresas no solo generen beneficios económicos, sino que también contribuyan al bienestar de la sociedad y del planeta.

Con este libro de trabajo, sentaremos las bases del *ABC de la RSE* para tu empresa, mostrando que la responsabilidad social no es un proyecto aislado ni una moda pasajera, sino una forma de conducir el negocio con propósito y conciencia.

Veremos cómo integrar valores éticos, consideraciones ambientales y compromiso social en la estrategia corporativa aporta ventajas competitivas duraderas: mejora la reputación, reduce riesgos y abre oportunidades de innovación.

También exploraremos brevemente el origen y la evolución de la RSE para entender por qué se ha vuelto indispensable en la empresa moderna.

**No puedes hablar de Responsabilidad Social Empresarial (RSE) sino la vives: ¡Debes caminar por ella!**

# LAS ETAPAS DE MADURACIÓN DE LA EVOLUCIÓN DE LA RSE

Como punto de arranque hay una etapa a la que llamo de Pre-RSE dónde se ubican todas aquellas empresas que no ven la conveniencia, ni la exigencia para interactuar con la sociedad y menos de contribuir a su desarrollo; ya en una Fase elemental (I) de Filantropía Corporativa; de Ciudadanía Corporativa; de Mercadotecnia con orientación social; la anti-etapa de Greenwashing.

En la segunda parte podemos encontrar las etapas Reactiva o de Remediación; Comprometida; Formal, Integrada y Transformadora. La realidad muestra que una empresa puede incluso transitar por todas o varias de estas etapas y que incluso puede ubicarse en un estado de más maduro que conserva características de etapas ya "superadas". Sirvan estos apuntes 'para recordar, comprender y adoptar la Responsabilidad Social, como parte central de la conducta y gestión de la empresa.

La última fase la Aspiracional, la empresa ha resuelto la forma de manejar su RSE y buscar trascender. Lograr un negocio significativo que persiga algo más allá de las utilidades. Que se ve como un instrumento de bienestar social. Esta fase podría llamarse también la de "Propósito".

El desarrollo natural de la RSE va hacia lo que yo llamo la Revolución (reevolución) Integral donde ésta se convierte en un movimiento que va más allá del impulso de los líderes (Revolución: un cambio social que conlleva un nuevo paradigma basta para que una sociedad cambie radicalmente su estructura).

Donde las empresas ya no buscan dañar menos. Se comprometen con un cambio con aportaciones significativas, que hagan la diferencia. Persiguiendo un propósito que comparten con sus grupos de interés. Generando un valor social agregado.

# Principales Retos

Ahora reflexiona en qué etapa se encuentra tu empresa, quizá tiene un poco de varias. Esto es importante, porque te ayudará a comprender como entiende su rol social y cuáles son los principales retos que debe de enfrentar. Pero, sobre todo, te permitirá trazar una ruta para que avance a un estado de mayor maduración.

*DIMENSIONES DE LA RSE*

La responsabilidad social no es un hecho único, tiene distintas dimensiones en las que se manifiesta. Sólo así se puede ver el alcance que tiene.

Es **"integral"** porque implica el análisis y la definición del alcance que la organización tendrá con relación a las distintas necesidades y valores agrupadas en tres dimensiones la económica, la sociocultural y la ambiental que en conjunto conforman el ser y quehacer de las personas y de las sociedades:

- **Básicas:** tales como vivienda, salud, condiciones de vida y trabajo, seguridad e higiene, etc. **¿A cuál de estas necesidades responde tu empresa?:**

- **Sociales:** el desarrollo personal y colectivo de sus colaboradores, el desarrollo de la comunidad en la que opera, atender causas que le son afines, etc. **¿A qué necesidades responde la empresa?:**

- **Políticas:** cumplimiento de las normas y disposiciones legales, pago de impuestos y derechos, etc. **¿A qué necesidades responde la empresa?:**

- **Culturales:** Conocimiento y educación, **¿A qué necesidades responde la empresa?:**

- **Ambientales:** la ecología, el cuidado y el uso responsable de los recursos, etc. **¿A qué necesidades responde la empresa?:**

*En su dimensión económica interna:*

La responsabilidad social se enfoca a generar y valor agregado para sus colaboradores y accionistas, considerando no sólo las condiciones de mercado sino también la equidad y la justicia. Se espera de ella que genere utilidades y se mantenga viva y pujante.

**Define la cuál es Responsabilidad Social en su dimensión económica al interior de la empresa:**


*En su dimensión económica externa:*

La RSE implica la generar y distribuir bienes y servicios útiles. Rentables para la comunidad. El pago de impuestos. Así mismo participado en la planeación económica de su región y del país.

**¿Cómo definirías la Responsabilidad Social en su dimensión económica hacia el exterior?:**


Tomando en cuenta las definiciones anteriores, **¿Cómo describirías la situación actual de tu empresa en su dimensión económica?**

*En su dimensión social interna:*

En ella, la RSE implica la responsabilidad compartida y subsidiaria de inversionistas, directivos, colaboradores y proveedores, para el cuidado y fomento de la calidad de vida en el trabajo y el desarrollo integral y pleno de todos ellos, atendiendo sus necesidades económicas, sociales y de trascendencia. **Para esta dimensión, define la cuál es Responsabilidad Social al interior de la empresa:**

*En su dimensión social externa (sociocultural y política):*

Ella conlleva acciones y aportaciones propias y gremiales para generar condiciones que favorecen el espíritu empresarial y el desarrollo de las comunidades.
**¿Cómo definirías la Responsabilidad Social de la empresa hacia el exterior?:**

**¿Cómo describirías la situación actual de tu empresa en su dimensión social?**

*En su dimensión ambiental interna:*

Lo que implica la responsabilidad total sobre de las repercusiones ambientales de sus procesos, productos y subproductos, y, por lo tanto, prevenir y, en su caso remediar los daños que pudiera causarles. **Define la cuál es Responsabilidad Social en su dimensión ambiental al interior de la empresa:**

*En su dimensión ambiental externa:*

Lo que conlleva acciones que a preservar y mejorar la herencia ecológica. En beneficio de la humanidad actual y futura. **¿Cómo definirías la Responsabilidad Social de la empresa en su dimensión ambiental hacia el exterior?:**

**¿Cómo describirías la situación actual de tu empresa en su dimensión ambiental?**

**Nota:** El análisis exige definir las estrategias de acción que respondan a las expectativas particulares, tomando muy en cuenta lo que puede aportar y el impacto real que tiene en cada una de las dimensiones de la RSE.

## Reconocer cómo decides hoy

**Objetivo:** Observar tus decisiones cotidianas para tomar conciencia de tus patrones de actuación.

**Concepto clave:** La autoobservación es el primer paso hacia un liderazgo consciente.

**Instrucciones:** Escribe decisiones que hayas tomado recientemente. Reflexiona qué las motivó y qué impacto tuvieron. ¿Te representan? ¿Qué aprendiste?

**Sentido del ejercicio:** Este ejercicio te permite ver tu estilo de decisión actual y reconocer si estás actuando desde tus valores o desde la rutina.

## Evaluación de patrones de decisión organizacional

**Objetivo:** Identificar cómo se toman decisiones críticas en tu organización y si están alineadas con los valores, principios éticos y compromisos de sostenibilidad declarados.

**Hoja de trabajo:**

- Describe 3 decisiones recientes de impacto estratégico (comercial, reputacional, operativo).
- ¿Qué criterios predominaron? ¿Qué actores influyeron?
- ¿Se consideraron impactos sociales o ambientales?
- ¿Cómo podrían mejorarse los procesos decisionales para mayor coherencia y legitimidad?

## Ejercicio Final de Reflexión:

Ahora te invito a reflexionar sobre cómo puedes incorporar la RSE como parte esencial de tu forma de hacer negocios, en todos los niveles de la empresa:

- **Estratégico:** ¿Cómo podrías alinear la misión y los objetivos estratégicos de tu empresa con un propósito social y ambiental claro, asegurando que la sostenibilidad sea parte integral de la visión corporativa y no solo una iniciativa paralela?
- **Operativo:** ¿Qué cambios podrías implementar en las operaciones diarias – procesos, productos o servicios– para reducir impactos negativos y potenciar los positivos, integrando criterios de RSE en la toma de decisiones cotidianas de todas las áreas?
- **Cultural:** ¿De qué manera podrías fomentar una cultura interna que valore la responsabilidad social, haciendo que cada colaborador entienda y abrace la importancia de actuar con ética, conciencia ecológica y compromiso comunitario en su trabajo diario?

## ESPACIO DE TRABAJO

# MÓDULO 2:

## Una Reflexión

**¿Sabes quiénes tienen el poder de impulsar o frenar la sostenibilidad de tu negocio?**

Tus *stakeholders* o grupos de interés –colaboradores, clientes, proveedores, comunidad, inversionistas y muchos más– son el verdadero pulso que marca el rumbo de tu empresa. En la gestión empresarial actual, el enfoque ha evolucionado del accionista al *stakeholder*: ya no se trata solo de satisfacer a los dueños del capital, sino de generar valor para todos aquellos que se ven impactados (y que impactan) por las operaciones de la organización.

Reconocer y gestionar activamente las expectativas de tus grupos de interés es clave para una gestión sostenible exitosa. Cuando una empresa escucha y dialoga con sus stakeholders, construye confianza y lealtad, previene conflictos costosos y descubre oportunidades de mejora e innovación. Por ejemplo, unos empleados motivados por una cultura responsable serán más productivos.

Los clientes conscientes premiarán con su preferencia a las marcas comprometidas y las comunidades y autoridades tenderán a apoyar tus proyectos si perciben que respetas sus necesidades. En cambio, ignorar estas voces puede traducirse en pérdida de reputación, resistencia social o incluso en el fracaso de iniciativas estratégicas.

En este módulo exploraremos cómo mapear e involucrar a tus principales grupos de interés de manera estratégica. Aprenderás a identificar quiénes son, qué les importa y cómo integrar esas perspectivas en la toma de decisiones de tu empresa. Veremos herramientas para **priorizar stakeholders** y comunicarnos eficazmente con cada público, construyendo relaciones de largo plazo basadas en la transparencia y el beneficio mutuo.

Los ejercicios te guiarán para evaluar qué tan alineada está hoy tu gestión con las expectativas de tu entorno y cómo puedes fortalecer ese vínculo para que la sostenibilidad sea un objetivo compartido por todos.

## Conectar con tu propósito personal

**Objetivo:** Explorar tus motivaciones más profundas y encontrar tu brújula interior.

**Concepto clave:** El propósito no es algo que se inventa, se descubre.

**Instrucciones:** Escribe una frase que resuma qué te mueve, qué legado quieres dejar y por qué haces lo que haces.

**Sentido del ejercicio:** Conectarte con tu propósito te dará claridad para alinear tus acciones con un significado más grande.

## Definición y validación del propósito organizacional

**Objetivo:** Alinear el propósito institucional con los desafíos globales, las expectativas de stakeholders y la propuesta de valor de la empresa.

**Hoja de trabajo:**

- ¿Qué razón de ser moviliza genuinamente a la organización más allá del lucro?
- ¿Cómo se expresa ese propósito en la cultura interna y hacia afuera?
- ¿Qué narrativa institucional lo comunica y qué evidencia lo respalda?
- Redacta o actualiza una versión clara y accionable del propósito.

## Ejercicio Final de Reflexión:

Integra la visión de tus grupos de interés en la estrategia de tu organización reflexionando sobre:

- **Estratégico:** ¿De qué forma podrías involucrar a tus stakeholders clave al definir la visión, los objetivos y las grandes decisiones de la empresa, asegurando que la estrategia corporativa refleje las necesidades y expectativas de esos grupos de interés?

- **Operativo:** ¿Qué mecanismos podrías implementar en las operaciones diarias (por ejemplo, encuestas de satisfacción, mesas de diálogo con la comunidad o programas con proveedores) para integrar de manera efectiva la retroalimentación de tus stakeholders y ajustar los procesos según sus preocupaciones?

- **Cultural:** ¿Cómo podrías cultivar en tu organización una cultura de escucha activa y colaboración con los grupos de interés, de manera que cada empleado entienda la importancia de atender a clientes, colegas, proveedores y comunidad con empatía y compromiso?

# ESPACIO DE TRABAJO

# MÓDULO 3:

Responsabilidad Social por dentro y por fuera

Ser una empresa responsable no solo implica atender lo interno, sino también **contribuir con el desarrollo de la sociedad al exterior** cuando hace falta. Históricamente, la filantropía corporativa —esas donaciones, patrocinios y proyectos comunitarios que las empresas realizan de manera voluntaria— ha sido una de las formas más visibles en que las organizaciones devuelven parte de sus ganancias a la sociedad.

Este compromiso social refleja el lado más humano de los negocios: muestra que detrás de la búsqueda de rentabilidad hay también un genuino interés por el bienestar de las comunidades.

En la práctica, iniciativas como apoyar a una escuela local, financiar programas de salud, responder ante desastres naturales o incentivar el voluntariado de los empleados pueden generar un impacto positivo tangible y mejorar la imagen de la empresa, se quedan cortas en lo que la empresa debe y puede contribuir desde su rol social al bienestar y desarrollo social de la comunidad en donde opera y la sociedad en general.

Poniendo a la persona al centro de sus decisiones y sus acciones, empresa fortalece el vínculo emocional con la sociedad: construye buena voluntad, mejora la moral interna y puede incluso atraer clientes y talento que comparten esos valores solidarios. Sin embargo, también conlleva desafíos. Si las acciones sociales se perciben como aisladas, desconectadas de la estrategia de negocio o simplemente motivadas por marketing, su efecto será limitado y podría generar escepticismo.

Por eso, en este módulo analizaremos cómo llevar la responsabilidad corporativa va mucho **más allá del simple un acto caritativo**, integrándola de forma coherente con los valores y la misión de la empresa.

***Los ejercicios te ayudarán a evaluar las iniciativas actuales de tu organización y a reflexionar sobre cómo convertir esas buenas intenciones en acciones estratégicas, auténticas y transformadoras.***

## ¿Por qué es importante para tu negocio una buena relación con la comunidad?

La empresa debe poner en acciones el compromiso con su comunidad. Identifica y monitorea las expectativas públicas que la comunidad tiene de ella, la innovación y el involucramiento sostenido de la comunidad debe estar incluido.

La importancia de la comunidad y sus características es fundamental para desarrollar con éxito cualquier negocio. Muchos empresarios estiman que, si la comunidad en la cual operan no es sana, entonces sufrirá la actividad de negocios que pretenden desarrollar, por lo cual se estima que la empresa tiene una responsabilidad de contribuir a la salud y prosperidad de la comunidad.

Hay varias formas de contribuir a la comunidad por parte de la empresa, desde apoyos menores a proyectos de la comunidad hasta apoyos que engloben un desarrollo completo, esto último puede incluir una variedad de aspectos, tales como prácticas ambientales, políticas sobre éticas, asuntos relativos al trabajo y la familia, temas de salud, etc.

¿Cómo describes las contribuciones de tu empresa con la comunidad?

¿Cuáles son los grupos de interés de la comunidad que tu empresa toma en cuenta? Enlista tus Grupo de interés y su Importancia / expectativas

## Observar la coherencia colectiva

**Objetivo:** Identificar incoherencias entre lo que se dice y lo que se hace en tu entorno laboral o comunidad.

**Concepto clave:** La cultura se moldea desde lo que se tolera y se promueve.

**Instrucciones:** Escribe ejemplos de comportamientos que contradicen los valores institucionales. Reflexiona sobre qué podrías hacer para influir positivamente.

**Sentido del ejercicio:** Este módulo te entrena como agente de cambio observando desde la acción, no desde la crítica vacía.

## Auditoría de coherencia cultura–estrategia

**Objetivo:** Detectar brechas entre lo que la empresa declara como valores y lo que realmente se promueve, tolera o premia.

**Hoja de trabajo:**

- Lista los valores organizacionales oficiales.
- Identifica prácticas habituales que los contradicen.
- Evalúa el impacto de esas incongruencias en la confianza interna y externa.
- Define una acción de transformación cultural o de liderazgo ejemplar.

## Un entorno laboral sano

**¿Cómo definirías la calidad de vida al interior de tu empresa?**

He aquí algunos principios que ayudarán a mejorar la calidad de vida en tu entorno laboral (LOS MUST). **¿Cuántos ya se aplican en tu organización?**

- ¿Mi empresa establece un compromiso con el balance trabajo – familia?
- ¿El bienestar de los colaboradores es una prioridad para la empresa?
- ¿Las necesidades de sus colaboradores son importantes para la empresa, y las mantienen en mente para apoyarlas en el momento y en la medida que esté en su capacidad?
- ¿El ritmo de trabajo es tal que sus colaboradores puedan mantener indefinidamente de una manera saludable y razonable?
- Mi empresa fomenta el desarrollo profesional, técnico y humano en la misma medida, ¿y a cualquier nivel de la organización?
- ¿Mi empresa se ocupa de la educación de sus colaboradores?
- ¿MI empresa propicia la buena relación, y la cooperación entre los colaboradores?
- ¿Mi empresa se ocupa de potenciar los conocimientos y las habilidades de los trabajadores?
- ¿Mi empresa se preocupa por disminuir la Brecha Salarial de género y entre niveles funcionales?
- ¿Por qué el construir y consolidar una comunidad interna sana es importante para el Negocio?

**¿Cuáles serían los principales compromisos o acciones que tu empresa debe asumir?**

**¿Qué Beneficios se ven reflejados en tu empresa?**

# ESPACIO DE TRABAJO

# MÓDULO 4:

En este módulo vamos a descubrir cómo identificar esas áreas donde se entrelazan las necesidades de la sociedad y los objetivos empresariales. Veremos cómo diseñar iniciativas con metas claras tanto de impacto social como de retorno para la empresa, establecer alianzas estratégicas (con Organizaciones Sociales, instituciones públicas u otras empresas) y medir resultados en ambos frentes.

Los ejercicios te orientarán a analizar tu portafolio actual de proyectos sociales, detectar oportunidades de *valor compartido* y planear acciones concretas para que tu responsabilidad social deje de ser un centro de costo y se transforme en un motor de innovación y competitividad responsable.

## Entender el impacto de tus acciones cotidianas

**Objetivo:** Tomar conciencia del efecto que tienen tus hábitos diarios.

**Concepto clave:** Lo pequeño es poderoso cuando se repite con sentido.

**Instrucciones:** Elige una acción habitual y evalúa su impacto en ti y en otros. ¿Qué podrías mejorar para alinearla con tus valores?

**Sentido del ejercicio:** Te muestra que el liderazgo consciente comienza en lo cotidiano, no en las grandes decisiones.

## Revisión de impactos cotidianos operativos

**Objetivo:** Visualizar y mejorar los impactos sociales, ambientales o éticos generados en el funcionamiento diario de la organización.

**Hoja de trabajo:**

- Elige una operación crítica o rutinaria (procesos de compra, relación con proveedores, consumo de recursos).
- Evalúa sus efectos directos e indirectos en el entorno.
- Diseña una mejora o cambio operativo con enfoque ESG.
- Define indicadores de avance y responsables.

## Ejercicio Final de Reflexión:

Ahora te invito a reflexionar sobre cómo puedes incorporar la RSE como parte esencial de tu forma de hacer negocios, en todos los niveles de la empresa:

**Estratégico:** ¿Cómo podrías alinear la misión y los objetivos estratégicos de tu empresa con un propósito social y ambiental claro, asegurando que la sostenibilidad sea parte integral de la visión corporativa y no solo una iniciativa paralela?

**Operativo:** ¿Qué cambios podrías implementar en las operaciones diarias – procesos, productos o servicios– para reducir impactos negativos y potenciar los positivos, integrando criterios de RSE en la toma de decisiones cotidianas de todas las áreas?

**Cultural:** ¿De qué manera podrías fomentar una cultura interna que valore la responsabilidad social, haciendo que cada colaborador entienda y abrace la importancia de actuar con ética, conciencia ecológica y compromiso comunitario en su trabajo diario?

# ESPACIO DE TRABAJO

## MÓDULO 5:

Te invito a preguntarte en qué áreas tu negocio puede generar el mayor impacto positivo. ¿Será en la educación de calidad? ¿En el trabajo decente y el crecimiento económico? ¿En la innovación y las infraestructuras resilientes? Además, trabajar con los Objetivos de Desarrollo Sostenible (ODS) refuerza la credibilidad de tus acciones ante inversionistas, clientes y aliados, al mostrar que estás contribuyendo a metas reconocidas internacionalmente.

Tu empresa impulsa la innovación y la colaboración: los ODS animan a las empresas a asociarse con gobiernos, organizaciones sociales y otras entidades, porque los desafíos que abordan son complejos y requieren soluciones conjuntas. En resumen, los ODS amplían la perspectiva de tu RSE, pasando de acciones aisladas a un compromiso con el desarrollo sostenible a gran escala.

A través de los ejercicios, reflexionarás sobre qué objetivos globales resuenan con la misión de tu organización y cómo podrías traducirlos en iniciativas concretas, de modo que la sostenibilidad deje de ser algo abstracto y se convierta en un conjunto de metas claras que tu equipo abrace con orgullo.

### Activar redes de colaboración

**Objetivo:** Identificar aliados estratégicos en tu entorno.

**Concepto clave:** El cambio colectivo empieza en la conexión con otros.

**Instrucciones:** Escribe una lista de personas que comparten tu visión. Reflexiona cómo pueden colaborar y qué podrías ofrecerles tú.

**Sentido del ejercicio:** Te permite ver que no estás solo y que tejer redes es clave para la sostenibilidad de cualquier transformación.

## Mapeo estratégico de aliados y stakeholders

**Objetivo:** Identificar actores internos y externos clave con los que construir relaciones colaborativas de valor compartido.

**Hoja de trabajo:**

- Segmenta tus stakeholders más relevantes (clientes, colaboradores, comunidad, inversionistas).
- Evalúa el nivel de relación y confianza actual.
- Identifica intereses comunes y oportunidades de colaboración.
- Propón una alianza o iniciativa conjunta alineada con la estrategia de sostenibilidad.

## Ejercicio Final de Reflexión:

Contempla la integración de tu empresa en la agenda global de sostenibilidad preguntándote:

- **Estratégico:** ¿Cómo podrías alinear la visión y el plan estratégico de tu empresa con uno o varios de los ODS más relevantes para tu industria, de manera que contribuir a esas metas globales forme parte central de la misión y los objetivos de largo plazo de la organización?

- **Operativo:** ¿Qué iniciativas podrías implementar en las operaciones diarias para avanzar en los ODS prioritarios que hayas elegido (por ejemplo, reducir tu huella de carbono para el ODS 13 "Acción por el clima", promover la igualdad de oportunidades para el ODS 5 "Igualdad de género" u ofrecer capacitación educativa para el ODS 4), ¿y cómo integrarías indicadores de estos objetivos en el seguimiento cotidiano de tu desempeño?

- **Cultural:** ¿Cómo podrías inspirar y capacitar a tus colaboradores para que se sientan parte del cumplimiento de los ODS, conectando su trabajo diario con metas globales? Piensa en acciones como campañas internas de sensibilización, reconocimientos a proyectos alineados con ODS o actividades de voluntariado corporativo, de modo que la Agenda 2030 se viva en la cultura de tu organización y cada persona entienda el papel que puede desempeñar en lograr ese futuro común.

# ESPACIO DE TRABAJO

## MÓDULO 6:

La sostenibilidad no se trata solo de buenas intenciones, sino de resultados reales. Por eso, una pregunta crucial que debe hacerse cualquier líder es: *¿cómo sabemos si nuestra empresa está generando un impacto positivo o negativo en su entorno?* En este módulo nos enfocamos en **medir y gestionar ese impacto**, tanto en lo ambiental como en lo social.

Cada proceso productivo, cada decisión de negocio deja una huella: emisiones de $CO_2$, consumo de agua, creación de empleos, cambios en la comunidad local, entre otros. Gestionar responsablemente significa primero entender esas huellas y luego actuar para reducir las que son negativas y amplificar las positivas.

La relevancia de cuantificar el impacto es doble. Por un lado, lo que no se mide no se puede mejorar: identificar indicadores clave de sostenibilidad –desde la huella de carbono y la generación de residuos, hasta la satisfacción de los colaboradores o el efecto en el desarrollo de la comunidad– te permite monitorear el desempeño y fijar metas ambiciosas pero alcanzables.

Por otro lado, la medición transparente construye confianza: cuando compartes datos claros de tus progresos (y de tus retos) ambientales y sociales, demuestras compromiso y seriedad ante tus stakeholders. Herramientas como el análisis de **materialidad** te ayudan a enfocar esfuerzos en los temas más relevantes para tu negocio y para tus grupos de interés, asegurando que inviertas recursos donde realmente importa.

## Medir lo que realmente importa

**Objetivo:** Diseñar tus propios indicadores de valor desde un enfoque ético y consciente.

**Concepto clave:** Lo que no se mide, se ignora. Pero no todo lo importante es numérico.

**Instrucciones:** Define al menos tres aspectos que consideres importantes medir (como confianza, impacto social o bienestar laboral) y piensa cómo podrías hacerlo.

**Sentido del ejercicio:** Aprenderás a enfocar tu mirada en resultados que reflejen tu propósito, más allá de los KPI financieros tradicionales.

## Diseño de métricas de impacto no financiero

**Objetivo:** Desarrollar indicadores que reflejen avances en cultura, ética, sostenibilidad, bienestar y reputación.

**Hoja de trabajo:**

- Identifica 3 valores clave que deben evidenciarse en la gestión (ej. transparencia, equidad, responsabilidad).
- Diseña un indicador cualitativo y uno cuantitativo para cada valor.
- Define línea base, metas y método de medición.

## Ejercicio Final de Reflexión:

Evalúa cómo integrar la medición y mejora de impactos en tu organización a través de preguntas como:

- **Estratégico:** ¿Cómo podrías incluir los criterios de impacto social y ambiental en las decisiones estratégicas de tu empresa, asegurándote de que al definir objetivos y proyectos se consideren los efectos a largo plazo sobre la comunidad y el medio ambiente con la misma rigurosidad que los resultados financieros?

- **Operativo:** ¿Qué sistemas o procesos podrías establecer para medir de forma regular los impactos sociales y ambientales de tus operaciones (por ejemplo, monitoreo de emisiones, evaluaciones a proveedores en temas de RSE, encuestas de bienestar de empleados) y cómo utilizarías esa información para impulsar *mejoras continuas* en tus procesos y prácticas diarias?

- **Cultural:** ¿Cómo podrías inculcar en tu equipo una cultura de responsabilidad y mejora continua respecto al desempeño social y ambiental? Piensa en acciones como incluir objetivos de sostenibilidad en los KPIs individuales, reconocer públicamente a quienes propongan ideas para reducir impactos negativos, o capacitar periódicamente al personal en las metas de RSE, de modo que cada persona se sienta parte y orgullosa de los logros en este ámbito.

# ESPACIO DE TRABAJO

## MÓDULO 7:

Reflexión

La ética y la transparencia son la base sobre la que se construye la credibilidad de una empresa responsable. Puedes lanzar los programas sociales más innovadores o tener políticas verdes admirables, pero si en tu organización hay corrupción, tratos injustos o información oculta, todo ese esfuerzo se ve opacado. En el mundo empresarial actual —con consumidores empoderados y redes sociales vigilantes— los valores con que actúas importan tanto como los resultados que logras. Una compañía que no es honesta y coherente en su comportamiento termina perdiendo la confianza de sus stakeholders, arriesgando su reputación e incluso su sostenibilidad a largo plazo.

Por el contrario, liderar con integridad trae beneficios profundos. Una cultura empresarial ética, donde las reglas se cumplen **aunque nadie esté mirando**, genera orgullo y compromiso en los colaboradores. La transparencia, al compartir abiertamente tanto los logros como las áreas de mejora, demuestra respeto por los grupos de interés y fomenta relaciones de confianza con inversionistas, clientes, autoridades y la sociedad en general. Las empresas que priorizan la ética tienden a evitar escándalos costosos, cumplen con la ley y se adelantan a regulaciones; además, suelen atraer socios y talento que buscan entornos donde hacer lo correcto es la norma.

En pocas palabras, la ética y la transparencia son el pegamento que mantiene unida la estrategia de RSE, asegurando que cada iniciativa tenga legitimidad y coherencia con los valores corporativos.

Comunicar desde lo vivido

**Objetivo:** Desarrollar una narrativa auténtica que conecte con otros.

**Concepto clave:** Las historias verdaderas inspiran más que los datos.

**Instrucciones:** Elige una experiencia que refleje tu camino hacia un liderazgo más consciente. Escríbela en primera persona, con emociones y aprendizajes.

**Sentido del ejercicio:** Humanizar tu mensaje fortalece tu credibilidad y genera conexión genuina con tu audiencia.

## Narrativa institucional con sentido ético y propósito

**Objetivo:** Construir una historia corporativa sólida, creíble y movilizadora desde las experiencias vividas y logros reales.

**Hoja de trabajo:**

- Selecciona una experiencia organizacional que refleje coherencia ética.
- Relata los dilemas, decisiones y aprendizajes implicados.
- Conecta la historia con el propósito institucional y los ODS.
- Define los medios, momentos y públicos para comunicarla.

## Ejercicio Final de Reflexión:

Reflexiona sobre cómo reforzar la ética y transparencia en tu organización considerando:

- **Estratégico:** ¿Cómo integrarías los principios éticos en la toma de decisiones de alto nivel de tu empresa, para asegurarte de que nunca se comprometan los valores corporativos por alcanzar metas financieras u otros objetivos de corto plazo?
- **Operativo:** ¿Qué mecanismos concretos podrías implementar para promover y asegurar el comportamiento ético en las operaciones diarias (por ejemplo, programas periódicos de capacitación en ética para todos los empleados, canales confidenciales de denuncia y protocolos de protección al denunciante, auditorías internas de cumplimiento), y cómo monitorearías su efectividad para prevenir conductas indebidas?
- **Cultural:** ¿De qué forma podrías cultivar una cultura en la que la transparencia y la honestidad sean pilares cotidianos? Piensa en liderar con el ejemplo desde la alta dirección, en celebrar decisiones éticas aunque sean difíciles y en comunicar abiertamente tanto los éxitos como los errores, de modo que todos en la organización sientan la responsabilidad y el orgullo de actuar con integridad.

# ESPACIO DE TRABAJO

# MÓDULO 8:

Sostenible desde adentro

La sostenibilidad **empieza desde adentro**. Por más ambiciosa que sea tu estrategia de RSE, esta no prosperará si no se vive en la cultura organizacional y en el liderazgo diario. Dicho de otro modo: los valores se contagian con el ejemplo. Cuando los directivos y mandos inspiran con acciones coherentes –tomando decisiones responsables, mostrando empatía con las personas y compromiso con el entorno– crean un efecto cascada en toda la empresa.

Cada colaborador, al ver esa congruencia, comprende que la responsabilidad social no es solo un discurso, sino una forma de trabajar y de relacionarse. Así, la RSE deja de ser "algo de un departamento" para convertirse en parte natural del ADN de la compañía.

Construir una cultura sostenible implica alinear corazones y mentes tras un propósito común. Las empresas que lo logran notan la diferencia: equipos más motivados y orgullosos de pertenecer, mayor capacidad para atraer y retener talento que busca significado en su trabajo, y un ambiente donde la innovación fluye porque las personas sienten que sus ideas con impacto positivo serán escuchadas.

Por el contrario, si existe una brecha entre lo que la empresa pregona y lo que realmente practica puertas adentro, el cinismo y la apatía pueden aflorar. Integrar la sostenibilidad en la cultura significa incorporar sus principios en la inducción de nuevos empleados, en las evaluaciones de desempeño, en los sistemas de recompensas e incluso en las tradiciones y relatos internos.

Se trata de crear un *ecosistema* donde ser social y ambientalmente responsable sea la norma no escrita, algo **celebrado y compartido** por todos.

# Diseñar alianzas con sentido

**Objetivo:** Explorar oportunidades de colaboración con propósito.

**Concepto clave:** Las alianzas que suman propósito multiplican el impacto.

**Instrucciones:** Identifica personas, instituciones o grupos con quienes compartes valores o intereses. Define objetivos y pasos para una alianza concreta.

**Sentido del ejercicio:** Este módulo te prepara para establecer relaciones de valor con quienes también buscan un mundo más justo y sostenible.

## Activación de alianzas transformadoras

**Objetivo:** Generar propuestas de colaboración institucional multisectorial que escalen impacto social y ambiental.

**Hoja de trabajo:**

- Define un reto o área prioritaria que requiere alianza estratégica.
- Identifica actores clave y valor que cada parte puede aportar.
- Establece objetivos compartidos, gobernanza y criterios de éxito.
- Crea un primer borrador de carta de intención o modelo de convenio.

Ejercicio Final de Reflexión:

Considera tu rol en la construcción de una cultura sostenible respondiendo:

- **Estratégico:** ¿Cómo podrías, desde la alta dirección, definir e impulsar un propósito corporativo que integre la sostenibilidad, asegurando que los líderes de todos los niveles lo incorporen en sus decisiones y estilos de gestión?

- **Operativo:** ¿Qué prácticas operativas (por ejemplo, programas de formación en desarrollo sostenible, criterios de contratación y promoción que valoren la conciencia social, o indicadores de desempeño ligados a objetivos de RSE) podrías implementar para desarrollar en tu equipo las habilidades y comportamientos necesarios que vuelvan la responsabilidad social parte de los procesos y rutinas de trabajo?

- **Cultural:** ¿De qué manera podrías tú, en tu rol de líder, predicar con el ejemplo y motivar a tus colaboradores para que abracen los valores de la RSE? Piensa en acciones cotidianas (como tomar decisiones alineadas con los valores, aunque no sean las más fáciles), en comunicaciones inspiradoras que recuerden la importancia del propósito, o en reconocer y celebrar a aquellos empleados que destaquen por su compromiso social y ambiental. El objetivo es lograr que la sostenibilidad se sienta como una responsabilidad compartida y una fuente de orgullo para todos en la organización.

# ESPACIO DE TRABAJO

# MÓDULO 9:

La Responsabilidad Social Empresarial no es la meta de una carrera, sino un camino de mejora continua que recorre toda la organización. En este módulo de cierre, la mirada se vuelve holística: ¿cómo puedes asegurarte de que todo lo aprendido y aplicado en los módulos anteriores se integre de forma transversal y permanente en la empresa?

Se trata de tejer la sostenibilidad en cada fibra del negocio, desde la planificación estratégica hasta las operaciones diarias y la cultura, de modo que ya no exista una "lista de proyectos RSE" aislados, sino una forma de trabajar donde los criterios sociales y ambientales estén presentes en cada decisión.

Lograr esa integración total exige liderazgo constante y también sistemas que la apoyen. Las empresas más avanzadas en RSE suelen contar con estructuras formales (por ejemplo, comités de sostenibilidad a nivel directivo, indicadores de impacto incluidos en el *dashboard* ejecutivo, certificaciones o políticas transversales) que velan porque ningún aspecto clave se quede atrás.

Pero igual de importante es la mentalidad: fomentar internamente la idea de que **siempre se puede mejorar**. La mejora continua en sostenibilidad implica revisar periódicamente los logros y desafíos, aprender de los tropiezos y actualizar los objetivos a la luz de nuevas realidades (cambios regulatorios, expectativas emergentes de los stakeholders, avances tecnológicos, etc.).

# Fortalecer tu coherencia en el tiempo

**Objetivo:** Consolidar tu liderazgo consciente y tu integridad a través del tiempo.

**Concepto clave:** La coherencia se construye con cada decisión valiente.

**Instrucciones:** Escribe sobre una decisión difícil que hayas tomado desde tus valores. ¿Qué aprendiste? ¿Qué reafirmaste?

**Sentido del ejercicio:** Este ejercicio refuerza tu compromiso contigo mismo y te entrena para mantener el rumbo en momentos de presión.

## Fortalecimiento de liderazgo coherente y sostenido

**Objetivo:** Consolidar una cultura de liderazgo basada en la integridad, la consistencia y la gestión consciente de decisiones críticas.

**Hoja de trabajo:**

- Describe una situación de presión o conflicto reciente donde se puso a prueba la ética institucional.
- ¿Qué decisiones se tomaron y por qué?
- ¿Cómo fue percibido por los stakeholders?
- ¿Qué aprendizajes emergen y cómo integrarlos en la gestión y cultura?

**ACTIVIDAD:**

¿Cómo definirías a tu empresa ya como socialmente responsable?

A partir de esto y tomando en cuenta lo que ya hace tu empresa, **redacta una declaración aspiracional fijando un plazo en el tiempo para alcanzarla.**

## Ejercicio Final de Reflexión:

En este cierre, piensa en cómo llevar la RSE al siguiente nivel en tu organización preguntándote:

- **Estratégico:** ¿Cómo podrías consolidar la RSE como parte intrínseca de la estrategia a largo plazo de tu empresa? Considera establecer objetivos sostenibles en el plan estratégico, asignar responsabilidades claras a nivel directivo e incluso involucrar al Consejo de Administración, de modo que la sostenibilidad permanezca como una prioridad sin importar los cambios en el entorno.

- **Operativo:** ¿Qué procesos de mejora continua y sistemas de gestión podrías implementar (o reforzar) para integrar los criterios de sostenibilidad en todas las áreas operativas —desde compras y producción hasta marketing y logística—, garantizando que cada departamento asuma metas concretas de RSE y rinda cuentas de sus avances de manera periódica?

- **Cultural:** ¿Cómo podrías mantener viva y en evolución la cultura de sostenibilidad en tu organización con el paso del tiempo? Piensa en actualizar regularmente la capacitación de los colaboradores en temas de RSE, en rotar o involucrar al personal en proyectos sociales o ambientales para ampliar sus perspectivas, o en institucionalizar rituales corporativos (por ejemplo, días anuales de voluntariado, premios internos a la innovación sostenible, etc.) que refuercen el propósito. El objetivo es que las nuevas generaciones de empleados sigan abrazando esos valores con el mismo entusiasmo, asegurando que la responsabilidad social permanezca como un pilar estructural de la empresa en el futuro.

# ESPACIO DE TRABAJO

# 8 pasos para ir más allá de la RSE

**Transformando tu empresa en un agente consciente, relevante y sostenible**

Hoy más que nunca, las empresas que marcan la diferencia son aquellas que entienden que su existencia no se justifica solo por los beneficios económicos que generan, sino por el impacto positivo que pueden crear en la vida de las personas, las comunidades y el planeta.

Este camino implica ir **más allá de la responsabilidad social como una práctica periférica**, y comenzar a integrarla como **el núcleo del sentido empresarial**. Una empresa con propósito no reacciona ante los problemas; los anticipa, los enfrenta con conciencia y actúa con coherencia.

Aquí te comparto 8 pasos transformadores, fruto de experiencia, reflexión y acción conjunta, para dejar atrás la filantropía reactiva y construir una cultura organizacional consciente, ética y regenerativa.

## 1. Descubrir y abrazar un propósito organizacional superior

**Propósito no es lo que haces. Es por qué lo haces y para quién lo haces.**

No basta con tener una misión bien redactada. El propósito debe ser un compromiso irrenunciable que trascienda los resultados financieros y conecte emocionalmente con los stakeholders.

**Acciones concretas:**

- Facilita un proceso participativo para redescubrir el propósito desde la identidad, historia y aspiraciones colectivas de la organización.
- Evalúa si el propósito actual genera impacto o solo imagen.
- Asegura que el propósito inspire decisiones estratégicas, culturales y operativas.

## 2. Construir una cultura organizacional consciente y ética

**La cultura es el alma de la empresa. Lo que no se respira dentro, no se proyecta fuera.**

Una cultura responsable se vive en lo cotidiano. No se impone, se encarna en valores, decisiones y relaciones. Va más allá del cumplimiento normativo; construye confianza y legitimidad.

**Acciones concretas:**

- Revisa si los valores declarados se traducen en comportamientos observables.
- Diseña espacios de diálogo ético para todos los niveles.
- Reconoce y corrige incoherencias culturales que socaven la integridad de la organización.

## 3. Desarrollar un liderazgo consciente y empoderador

**No hay organizaciones conscientes sin líderes conscientes.**

El liderazgo no es jerarquía, es influencia con sentido. Implica guiar desde la vulnerabilidad, el ejemplo y la capacidad de inspirar a otros a desarrollarse y trascender.

**Acciones concretas:**

- Desarrolla programas de formación en liderazgo con propósito, inteligencia emocional y pensamiento sistémico.
- Promueve la escucha activa y el feedback constructivo.
- Crea redes de liderazgo colectivo donde cada persona sea agente de cambio.

## 4. Gestionar con una visión integral y de largo plazo

**Las decisiones conscientes equilibran el corto, mediano y largo plazo.**

La sostenibilidad requiere integrar la rentabilidad con la resiliencia, la regeneración y el bienestar de las futuras generaciones.

**Acciones concretas:**

- Incorpora indicadores de impacto ambiental, social y de gobernanza en los tableros estratégicos.
- Evalúa sistemáticamente los riesgos éticos, sociales y ambientales de cada decisión.
- Prioriza la inversión responsable y la innovación con impacto.

## 5. Integrar de forma auténtica a las partes interesadas (stakeholders)

**La empresa no es solo para sus accionistas; es para todos los que la hacen posible.**

Reconocer a las partes interesadas no es un trámite: es un principio de justicia y corresponsabilidad. Escuchar, dialogar y co-crear con ellas potencia la legitimidad y la eficacia de toda estrategia.

**Acciones concretas:**

- Mapea, segmenta y prioriza a tus stakeholders con criterios de relevancia e influencia.
- Crea espacios genuinos de participación y escucha activa.
- Incorpora sus expectativas en la toma de decisiones clave y reporta avances con transparencia.

## 6. Promover trabajo digno y realización personal

**Donde hay bienestar laboral, hay propósito compartido.**

Más allá del cumplimiento legal, el trabajo digno impulsa el florecimiento humano. Cada colaborador tiene un propósito individual que puede conectarse con el de la organización.

**Acciones concretas:**

- Fomenta condiciones laborales seguras, equitativas, flexibles y significativas.
- Ofrece oportunidades reales de crecimiento y desarrollo.
- Revisa si las prácticas internas promueven inclusión, bienestar emocional y sentido de pertenencia.

## 7. Invertir en la mejora continua de la calidad de vida de las comunidades

**La empresa no vive aislada: prospera si su entorno también lo hace.**

La conciencia social no se limita a "ayudar"; implica reconocer el poder transformador de la empresa para ser parte activa de soluciones reales y sostenibles en su entorno.

**Acciones concretas:**

- Diseña e implementa estrategias de inversión social alineadas con el propósito y las necesidades del territorio.
- Crea alianzas con actores locales para fortalecer capacidades comunitarias.
- Mide el impacto real de las acciones comunitarias y ajusta según evidencia.

## 8. Ser radicalmente responsable en el uso de los recursos

**Sostenibilidad no es eficiencia; es conciencia plena del impacto de nuestras decisiones.**

El uso consciente de los recursos implica ver más allá del costo-beneficio inmediato. Es entender el valor del capital natural, el tiempo, la energía y las personas.

**Acciones concretas:**
- Transita hacia modelos de economía circular y regenerativa.
- Reduce la huella ecológica de todas tus operaciones.
- Educa a colaboradores y proveedores sobre consumo responsable y ecoeficiencia.

**Cuando estos 8 elementos están en sintonía…**

Tu empresa no solo será rentable: será relevante, confiable, transformadora.
Pasar de la RSE a la gestión consciente no es una moda ni una obligación; es una elección estratégica, ética y profundamente humana.

## 🔑 Claves para la Acción

1. Convoca a un comité o equipo promotor de este proceso transformador.
2. Evalúa tu punto de partida con un diagnóstico cultural, ético y de sostenibilidad.
3. Elige un paso por el que empezar, pero con una visión integral del camino.
4. Acompaña el proceso con formación, reflexión y participación.
5. Celebra logros, aprende de los errores y nunca pierdas de vista el *para qué*.

**¿Estás listo para liderar el cambio que tu organización —y el mundo— necesita?**

**Este no es solo un camino de mejora empresarial. Es un viaje hacia el alma de tu empresa.**

# PLANTILLA FINAL

Mi Mapa de Impacto Personal

**Objetivo:** Tener una herramienta clara y flexible para tomar decisiones conscientes.

**Instrucciones:** Usa esta plantilla cada vez que necesites reconectarte con tu propósito, evaluar una decisión importante o revisar tu impacto.

**Incluye:**

- Mi propósito
- Mis valores no negociables
- Mi red de aliados
- Mis indicadores clave de impacto
- Acciones prioritarias en el corto, mediano y largo plazo

Mapa de Impacto Estratégico de la Empresa

**Objetivo:** Sistematizar una visión integrada de propósito, valores, alianzas e indicadores para guiar la evolución estratégica de la organización.

**Componentes:**

- Propósito institucional revisado
- Valores innegociables
- Grupos de interés priorizados
- Iniciativas de colaboración y cocreación
- Indicadores ESG estratégicos
- Acciones e hitos a corto, mediano y largo plazo

# ESPACIO DE TRABAJO

## Conclusión:

Este Cuaderno no termina aquí. Es una herramienta viva. Su verdadero valor emerge cuando tú lo haces tuyo, lo adaptas a tu contexto y lo usas como brújula para liderar con propósito e impacto real. No es una herramienta teórica, sino un recurso de gestión práctica y estratégica.

Está diseñado para acompañar procesos de reflexión, planificación y acción con visión transformadora. Úsalo como una hoja de ruta viva que conecta estrategia, cultura, propósito y sostenibilidad.

**Recuerda:** El liderazgo que transforma no es el que impone, sino el que inspira con coherencia, actúa con conciencia y construye desde el ejemplo.

"**Tu propósito no es un destino. Es la forma en que decides caminar cada día.**"
Juan Felipe Cajiga

### Únete al Movimiento Iberoamericano de Responsabilidad Social

www.ingramcontent.com/pod-product-compliance
Lightning Source LLC
Chambersburg PA
CBHW020621220526
45463CB00006B/2642